43 Natürliche Rezepte Gegen Hautkrebs um Deine Haut zu Schützen und zu Revitalisieren:

Hilf deiner Haut schnell wieder gesund zu werden, indem du deinem Körper die Nährstoffe und Vitamine zur Verfügung stellst, die er Brauchst

Von

Joe Correa CSN

COPYRIGHT

© 2016 Live Stronger Faster Inc.

Alle Rechte vorbehalten.

Die Vervielfältigung und Übersetzung von Teilen dieses Werkes, mit Ausnahme zum in Paragraph 107 oder 108 des United States Copyright Gesetzes von 1976 dargelegten Zwecke, ist ohne die Erlaubnis des Copyright-Inhabers gesetzeswidrig.

Diese Veröffentlichung dient dazu fehlerfreie und zuverlässige Informationen zu dem auf dem Cover abgedruckten Thema zu liefern. Es wird mit der Einstellung verkauft, dass weder der Autor noch der Herausgeber befähigt sind, medizinische Ratschläge zu erteilen. Wenn medizinischer Rat oder Beistand notwendig sind, konsultieren Sie einen Arzt. Dieses Buch ist als Ratgeber konzipiert und sollte in keinster Weise zum Nachteil Ihrer Gesundheit gereichen. Konsultieren Sie einen Arzt, bevor Sie mit diesen Ernährungsplan beginnen, um zu gewährleisten, dass er das Richtige für Sie sind.

DANKSAGUNG

Dieses Buch ist meinen Freunden und meiner Familie gewidmet, die leichtere oder ernstere Krankheiten hatten. Sie sollen eine Lösung für ihre Probleme finden und die erforderlichen Veränderungen in ihrem Leben einleiten.

43 Natürliche Rezepte Gegen Hautkrebs um Deine Haut zu Schützen und zu Revitalisieren:

Hilf deiner Haut schnell wieder gesund zu werden, indem du deinem Körper die Nährstoffe und Vitamine zur Verfügung stellst, die er Brauchst

Von

Joe Correa CSN

INHALT

Copyright

Danksagung

Über den Autor

Einleitung

43 Natürliche Rezepte gegen Hautkrebs um deine Haut zu Schützen und zu Revitalisieren: Hilf deiner Haut schnell wieder gesund zu werden, indem du deinem Körper die Nährstoffe und Vitamine zur Verfügung stellst, die er Brauchst

Weitere Werke des Autors

ÜBER DEN AUTOR

Nach Jahren der Nachforschung glaube ich ernsthaft an die positiven Auswirkungen, die Ernährung auf Körper und Geist haben kann. Mein Wissen und meine Erfahrung hat mir geholfen, gesünder über die Jahre zu kommen und an meine Familie und Freunde weiterzugeben. Je mehr du über gesundes Essen und Trinken weißt, desto schneller willst du deine Lebens- und Essensgewohnheiten ändern.

Ernährung ist ein wichtiger Bestandteil von einem gesunden und langen Leben. Also fang heute damit an. Der erste Schritt ist immer der wichtigste und bedeutendste.

EINLEITUNG

43 Natürliche Rezepte gegen Hautkrebs um deine Haut zu Schützen und zu Revitalisieren: Hilf deiner Haut schnell wieder gesund zu werden, indem du deinem Körper die Nährstoffe und Vitamine zur Verfügung stellst, die er Brauchst

Von Joe Correa CSN

Eine abwechslungsreiche und gesunde Ernährung wird dich mit den notwendigen Vitaminen und Nährstoffen versorgen, um dein Immunsystem zu stärken und wird dein Risiko an Hautkrebs zu erkranken reduzieren. Mit ein paar kleinen Änderungen in deiner Ernährung wirst du die Fähigkeiten deines Körpers stärken, um gegen den Hautkrebs anzukämpfen.

Einige Studien empfehlen mindestens 35 Portionen Gemüse pro Woche, u.a. Broccoli, Radieschen, Tomaten, Blumenkohl und Grünkohl. Auch sollte dunkles Blattgemüse wie Spinat, Rote Beete, Kraut und Blattkohl Teil deiner täglichen Ernährung sein. Der Grund liegt darin, dass diese Lebensmittel eine große Zahl an kraftvollen Antioxidantien sowie verschiedene bioaktive Substanzen beinhalten, die das Risiko von Melanomen verringern können.

Wegen den entzündungshemmenden Vorteilen, die in Nahrung mit Omega-3 gefunden wurde (z.B. im Fettfisch), ist es eine gute Wahl, diese Lebensmittel mindestens einmal in der Woche ins Essen zu integrieren.

43 NATÜRLICHE REZEPTE GEGEN HAUTKREBS UM DEINE HAUT ZU SCHÜTZEN UND ZU REVITALISIEREN: HILF DEINER HAUT SCHNELL WIEDER GESUND ZU WERDEN, INDEM DU DEINEM KÖRPER DIE NÄHRSTOFFE UND VITAMINE ZUR VERFÜGUNG STELLST, DIE ER BRAUCHST

1. Radieschenheld
- **Beschreibung:**

Radieschen enthalten Vitamin C und Antioxidantien, die sie sehr effektiv in er Vorbeugung von Hauterkrankungen und -entzündungen machen. Eine regelmäßige Integration von Radieschen in deine Ernährung für zu einer gesunden und glänzenden Haut. Gedünstete Radieschen haben einen sehr milden und köstlichen Geschmack.

- **Zutaten:**
  - 20 Radieschen
  - 2 EL Wasser
  - 1 EL Olivenöl
  - Salz und Pfeffer zum Abschmecken
- **Zubereitung:**

➢ Die Enden der Radieschen abschneiden und ein Band der Radieschenhaut um die Mitte der Radieschen herum abschälen.

➢ Die Radieschen in einem geschlossenen, mikrowellenfesten Behälter 8 Minuten dünsten (ggf. mit Gabel testen, ob zart) und sofort servieren

- **Nährwertangaben:**

Kalorien:109 Fett:11,6g, Kohlenhydrate:1,5g, Proteine:0,4g

2. Spargel, der Großartige

- **Beschreibung:**

Spargel ist eine hervorragende Quelle von Antioxidantien und er enthält auch eine Gruppe an Substanzen, die gemeinhin als Saponine bezeichnet werden und für ihre entzündungshemmende Wirkung bekannt sind. Die Forschung hat gezeigt, dass diese beiden zusammenarbeiten, um Stress zu vermindern. Stress ist mehr als das, was normale Leute unter Stress verstehen – es ist einfach keine gesunde Rahmenbedingung für Menschenmit Krebs.

- **Zutaten:**
  - 1 Pfund Spargel
  - 1 EL Olivenöl
  - Meersalz und Pfeffer zum Abschmecken
- **Zubereitung:**
  - Den Spargel schneiden und schälen
  - Olivenöl über den Spargel geben und damit bedecken.
  - Großzügig mit Salz und Pfeffer würzen.
  - Auf einen heißen Grill legen (bei mittlerer Hitze)

und grillen, bis der Spargel zart ist (oft wenden), etwa 5-10 Minuten

- **Nährwertangaben:**

Kalorien: 112,2 Fett: 7,5g Kohlenhydrate: 10,3g Proteine: 5,2g

3. Kastaniensuppe

- **Beschreibung:**

Die Forschung hat gezeigt, dass Esskastanien antioxidantische Wirkungen haben. Eine Studie hat die Fähigkeit von Esskastanien untersucht, freie Radikale zu unterbinden und herausgefunden, dass ihr antioxidantisches Potenzial mindestens so groß ist, wie das von Quercetin und Vitamin E.

- **Zutaten:**
  - 3 EL Olivenöl
  - 1 mittlere Karotte, fein geschnitten
  - 1 Sellerie, fein geschnitten
  - 1/2 mittlere Zwiebel, fein geschnitten
  - 2 Tassen gekochte Kastanien
  - 1 Tasse roten Portwein
  - 1 Thymianzweig
  - 3 Tassen Hühnerbrühe
  - 1/2 Tasse Schlagobers
  - Salz und frisch gemahlener Pfeffer

- **Zubereitung:**
  - Karotten, Sellerie und Zwiebel in einen Topf

geben und bei niedriger Temperatur kochen, bis alles gar ist – etwa 10 Minuten.

➢ Kastanien hinzugeben und für 4 Minuten kochen.

➢ Portwein und Thymian hinzugeben und über mittlerer Hitze bis der Portwein um die Hälfte reduziert ist – etwa 4 Minuten.

➢ Hühnerbrühe hinzugeben und aufkochen. Teilweise bedecken und bei niedriger Hitze 30 Minuten köcheln lassen.

➢ Thymianzweig herausnehmen. Schlagobers zur Suppe geben. Portionsweise die Suppe in einem Mixer pürieren.

➢ Die Suppe in den Topf zurückschütten und zum Köcheln bringen. Mit Salz und Pfeffer würzen und servieren.

- **Nährwertangaben:**

Kalorien 345, Kohlenhydrate 9,6g, Proteine 8,4g, Fett: 30,1g

4. Bayrischer Salat

- **Beschreibung:**

Dieses Gericht ist wie Kartoffelsalat warm serviert und ist definitiv eines der leckersten. Dieser Salat kann auch ein paar Tage im Voraus gemacht werden und vor dem Servieren auf Zimmertemperatur gebracht werden.

- **Zutaten:**
  - 4 Tassen Kartoffeln, geschält und in 1/2 cm dicke Scheiben geschnitten
  - 2 Tassen Hühnerbrühe
  - 1Tasse Schinken, zerkleinert
  - 1/2 Tasse Zwiebeln, gehackt
  - 1TL Zucker
  - 2EL Zitronensaft
  - 1EL Dijon Senf
  - 1/2Tasse Petersilie, gehackt

- **Zubereitung:**

Kartoffeln und Brühe in einem kleinen Topf zum Köcheln bringen. Kochen bis die Kartoffeln gar sind, aber immer noch ihre Form behalten. Die Brühe abgießen und dabei einen Teil auffangen. Während die Kartoffeln kochen, den

Schinken in einer Pfanne kross anbraten. Wenn er braun und knusprig ist das Fett abgießen und einen Teil davon auffangen. Zitronensaft, Zucker, Dijon Senf und 4 EL warmes Schinkenfett zusammengeben und gut vermischen. Mit Kartoffeln, Zwiebeln, krossem Schinken und Petersilie zusammengeben. Etwas von der aufgefangenen Hühnerbrühe hinzugeben, um bei Bedarf nachzuverdünnen. Mit Salz und Pfeffer abschmecken. Abdecken und vor dem Servieren für zwei Stunden bei Zimmertemperatur ziehen lassen.

- **Nährwertangaben:**

Kalorien: 318,9 Cholesterin: 24,4 mg, Kohlenhydrate: 31 g, Proteine: 10,3

5. Käse-Broccoli-Suppe

- **Beschreibung:**

Broccoli ist eine reiche Quelle an krebsbekämpfenden Inhaltsstoffen, Broccoliröschen haben aber auch bedeutende Mengen davon. Um den Nutzen von Broccoli zu erhöhen, muss er roh oder leicht gedünstet gegessen werden. Der Verzehr von rohem, zerstoßenen Broccoli resultiert in schnellerer und besserer Aufnahme der krebsbekämpfenden Inhaltsstoffe des Broccoli. Kochen kann bis zu 90% des Sulforaphans zerstören – der wichtigsten Anti-Krebs Substanz im Broccoli.

- **Zutaten:**
  - 3 EL Kartoffelstärke
  - 3 EL Olivenöl
  - 1 kleine süße Zwiebel, gewürfelt
  - 2 Stängel Sellerie, gewürfelt
  - Pfeffer zum Abschmecken
  - 6 Tassen Hühnerbrühe
  - 4 Tassen zerkleinerter Broccoli
  - 2 Tassen Bio-Vollmilch, Kokosnussmilch oder Frischmilch

- 3 Tassen geriebener Cheddar-Käse
- ¼-1/2 TL frisch gemahlener Muskat

- **Zubereitung:**
  - In einem Suppentopf Zwiebeln und Sellerie garen (etwa 5 Minuten)
  - Kartoffelstärke hinzugeben und verrühren.
  - Hühnerbrühe langsam unter Rühren hinzugeben.
  - Den geschnittenen Broccoli dazugeben und über kleiner Hitze für 30 Minuten köcheln lassen.
  - Milch und Käse hinzuschütten und aufkochen lassen (etwa 5 Minuten)
  - Mit den geriebenen Cheddar servieren.

- **Nährwertangaben:**

Kalorien: 261,1 Fett: 16,5g Kohlenhydrate: 13,8g Proteine: 15,2g

6. Episches Bananenbrot

- **Beschreibung:**

Dieses Brot eignet sich perfekt als Frühstück oder Snack. Bananen sind nicht nur gut für die Haut, sondern auch für die allgemeine Gesundheit. Es gibt viele starke Nährstoffe in dieser Frucht, die sie zu einer perfekten Ergänzung für deine täglichen Gerichte machen.

- **Zutaten:**
  - 6 Bioeier
  - 2 Bio-Bananen, zerdrückt
  - 1 EL Honig
  - ⅓ Tasse Kokosöl (gekühlt)
  - ½ TL Meersalz
  - ½ Tasse Kokosnussmehl
  - ½ TL Backnatron
  - ½-1 Tasse zerkleinerte Peka- oder Walnüsse

- **Zubereitung:**
  - Ofen auf 180 Grad vorheizen.
  - In einer großen Schüssel Eier, Honig und Kokosnussöl zusammengeben und gut vermischen.
  - In einer kleinen Schüssel Kokosnussmehl, Salz

und Backnatron gut vermengen.

➢ Die trockenen und feuchten Zutaten zusammenführen (außer die Bananen) und so lange vermengen, bis keine Klumpen mehr vorhanden sind.

➢ Die Bananen darin wälzen bis sie gut bedeckt sind.

➢ Die Mischung in 2 kleine Brotformen oder eine große Brotform schütten.

➢ Für 45-50 Minuten backen, bis leicht gebräunt.

- **Nährwertangaben:**

Kalorien: 165,8 Fett: 12,8g Kohlenhydrate: 9,4g Proteine: 4,4g

7. Karottenmuffins

- **Beschreibung:**

Karotten sind auch ein wichtiges Gemüse für deine tägliche Ernährung, wenn du dich darum sorgst, Hautkrebs zu bekommen. Wegen ihrem Hohen Anteil an Beta-Karotin sind Karotten großartig, um die Haut gegen schädliche UV-Strahlen von der Sonne zu schützen. Machst du Karotten in einen Kuchen, werden ihn sogar die Kinder lieben.

- **Zutaten:**
  - ¼ Tasse Kokosnussmehl
  - ¼ TL Meersalz
  - ¼ TL Backnatron
  - 1 TL gemahlener Zimt
  - 3 große Eier
  - ¼ Tasse Kokosnussöl
  - ¼ Tasse Honig, mehr nach Bedarf zum Abschmecken
  - 1 EL Vanilleextrakt
  - 1 Tasse Karotten, geraspelt
  - Gehackte Walnüsse oder Rosinen, optional (bei

Rosinen nicht mehr als ½ Tasse; bei Walnüssen würde ich es bei ¼ Tasse belassen und einige davon zum Schluss drüberstreuen)

- ➢ Frischkäseglasur
- ➢ 1 Packung Bio-Frischkäse
- ➢ 1 TL Vanilleextrakt
- ➢ 1 EL Honig
- ➢ ¼ TL Meersalz

- **Zubereitung:**
  - ➢ Ofen auf 180 Grad vorheizen
  - ➢ Alle Zutaten vermischen und eine eingefettete Muffinform zu 2/3 damit befüllen. Wenn du gerne große Muffins machst, brauchst du nur 8 Muffinformen zu 2/3 befüllen.
  - ➢ Für 18-24 Minuten backen. Einen Zahnstocher einstechen. Kommt er sauber wieder raus, ist der Muffin gar.
  - ➢ Für die Glasur Frischkäse, Vanille, Honig, Salz und 3 EL Wasser vermischen und bei schneller Geschwindigkeit 3 Minuten verrühren.
  - ➢ Das wird eine lockere und cremige Glasur

ergeben. Du kannst die Glasur in eine kleine Plastiktüte geben und eine Ecke abschneiden. Anschließend kannst du die Glasur auf den Karottenmuffins verteilen.

➢ Dadurch zauberst du ein geschmeidiges Frosting. Du kannst das Frosting in eine kleine Plastiktüte geben und die Ecke der Tüte abschneiden. Anschließend presst du das Frosting aus dieser Ecke auf den ausgekühlten Karotten-Tassenkuchen.

- **Nährwertangaben:**

Kalorien: 155 Fett: 11,1g Kohlenhydrate: 10,3g Proteine: 3,3g

8. Einfacher Sauerampfersalat

- **Beschreibung:**

Einige der gesundheitlichen Nutzen des Sauerampfers sind seine Fähigkeit, Sehkraft zu stärken, das Immunsystem zu kräftigen, die Verdauung zu verbessern, starke Knochen zu bilden, den Stoffwechsel anzuregen, den Energielevel zu erhöhen, Krebs vorzubeugen, einige Hautprobleme zu verringern, Blutdruck zu senken, Appetit anzuregen, den Alterungsprozess zu verlangsamen, vor Diabetes zu schützen und die Gesundheit der Niere zu verbessern. Sauerampfer ist ein faszinierendes, ganzjähriges Gemüse und wird überall auf der Welt genutzt und für eine breite Zahl an Verwendungsmöglichkeiten angepflanzt. Auch wenn er vor allem wegen seines scharfen, strengen Geschmacks als Nahrungsmittel genutzt wird, sind auch viele gesundheitliche Nutzen damit verbunden.

- **Zutaten:**
  - 1/4 Tasse Vollmilchjoghurt
  - 1 EL extra-trockenes Olivenöl
  - 1 EL frischer Zitronensaft

- 1 EL gehackte Schalotten
- 1 EL fein gehackter Schnittlauch
- 1 TL Zucker
- 1 Avocado
- 1/2 TL Dijon Senf
- 1/4 TL Salz
- 1/2 Pfund Sauerampfer, den Stamm entfernt und die Blätter in mundgerechte Stücke zerteilt (4 Tassen)
- 1/2 Pfund Salatherzen, in mundgerechte Stücke gezupft (4 Tassen)
- 1/4 Pfund Frisee, in mundgerechte Stücke gezupft (2 Tassen)
- 1/2 Tasse frische Petersilie
- 2 EL frischer Estragon, Blätter fein zerkleinert falls zu groß

- **Zubereitung:**
  - Alle Zutaten für das Dressing in einer Schüssel vermischen.
  - Alle Salatzutaten mit dem Dressing in einer Schüssel vermengen. Mit Salz und Pfeffer würzen.
  - Avocados in Würfel schneiden und darüber

geben.

- **Nährwertangaben:**

Kalorien: 215, Kohlenhydrate: 15g, Proteine: 7g, Fett: 2,9g

9. Geröstete Pistazien

- **Beschreibung:**

Ein schneller Snack für jeden, besonders für unsere Kinder. Leicht zuzubereiten und lange aufzubewahren. Vitamin E ist elementar wichtig für eine gesunde Haut und dieses Antioxidans ist in Pistazien enthalten. Es schützt die Haut von den schädlichen UV-Strahlen, schützt vor Hauterkrankungen und macht die Haut gesünder und schöner.

- **Zutaten:**

  ➢ 2 Tassen schalige Pistazien

- **Zubereitung:**

  ➢ Ofen auf 180 Grad vorheizen.

  ➢ Die Pistazien gleichmäßig auf einem Backblech verteilen. Für etwa 6-8 Minuten im Ofen belassen. Sie werden sehr intensiv durften, wenn sie fertig sind.

  ➢ Aus dem Ofen nehmen und sofort in einer Schüssel servieren.

  ➢ Wenn du die Schale entfernen willst, platziere die Pistazien auf einem sauberen Handtuch und reibe sie. Die

Schalen werden dann abfallen. Es ist am einfachsten, wenn die Pistazien warm sind.

> ➤ Lass die Pistazien abkühlen, dann kannst du sie auch für später aufheben.

> ➤ Sie schmecken am besten, wenn sie leicht gebräunt sind.

- **Nährwertangaben:**

Serviergröße: 1/4 Tasse, Kalorien: 170, Fett: 14g, Kohlenhydrate: 8g, Proteine: 6g. Vitamin A10%, Vitamin C 11% Calcium12%, Eisen26%, Vitamin B-6 104%, Vitamin B-120%, Magnesium 37%.

10. Futuristische Veggie-Chips

- **Beschreibung:**

Ofen-gebackene Zucchini-Chips schmecken, als ob sie frittiert wären, obwohl sie nur gebacken sind und schmecken herrlich knusprig. Diese Chips stellen eine gesunde Alternative zu Pommes Frites dar. Zucchini sind reich an Vitamin A und C sowie Antioxidantien, die deiner Haut auf viele Art und Weise nutzen können. Der regelmäßige Verzehr von Zucchini hilft die deiner Haut Feuchtigkeit zurückzugewinnen und gibt di reine geschmeidige Haut.

- **Zutaten:**
  - 3 kleine Zucchini, in 0,5 cm große Scheiben geschnitten
  - 2 EL Olivenöl
  - ½ Tasse Brotkrumen – italienisch gewürzt
  - 2 EL geriebener Parmesan
  - 2 TL frischer Oregano

- **Zubereitung:**
  - Ofen auf 175 Grad vorheizen

➢ Zucchini in eine Schüssel geben. Olivenöl über die Zucchini tröpfeln und umrühren, bis sie bedeckt sind. Die bedeckten Zucchini über dem Backblech verteilen. Parmesan und Oregano darüber streuen.

➢ Im vorgeheizten Backofen backen, bis die Zucchini gar sind und leicht gebräunt – etwa 15 Minuten

- **Nährwertangaben:**

1 Portion (10 Chips) Kalorien:92, Fett: 2, Kohlenhydrate: 14, Proteine: 6, Natrium 340mg

11. Old-school Joghurt

- **Beschreibung:**

Der gesundheitliche Nutzen von Joghurt war schon immer wichtig für die Gesundheit. Joghurt ist ein Kraftwerk voller verschiedener Vitamine und Mineralien, die auch in Milch vorkommen. Außerdem ist Joghurt eine gute Quelle leichtverdaulicher Proteine. Joghurt hilft den Cholesterinspiegel zu senken und Erkrankungen wie Bluthochdruck vorzubeugen sowie gleichzeitig das Immunsystem zu stärken. Er ist auch gut dazu geeignet die Knochen und Zähne zu stärken, hilft bei der Verdauung und ist wertvoll für die Hautpflege.

- **Zutaten:** (2 Tassen)
  - 2 Tassen Milch oder Ziegenmilch
  - 2 EL Bio-Joghurt (40% Fett) (einer, der lebende Aktivkulturen beinhaltet)

- **Zubereitung:**
  - 2 EL Bio-Joghurt in ein sauberes Marmeladenglas geben. Wenn du nochmal Joghurt machst, kannst du 2 weitere EL für deinen nächsten Durchlauf nutzen.
  - Danach die Milch auf 40 bis 45 Grad erhitzen.

Diese Temperatur ist niedrig genug, um die Nährstoffe und Enzyme in der Milch nicht zu zerstören.

➤ Sobald die Milch erhitzt ist, nimm sie vom Herd und gieße ¼ Tasse in das Glas mit dem Joghurt. Gut umrühren. Die restliche Milch hinzugeben und verrühren, bis alles gut vermengt ist. Den Deckel fest auf das Glas schrauben. Das Marmeladenglas in ein dickes Handtuch und stelle es in den Ofen (der Ofen sollte nicht an sein, sondern nur als Wärmeschrank dienen). Schalte dann das Licht im Ofen an, um ihn auf niedriger Stufe zu erhitzen. Im Ofen für 24 Stunden belassen.

➤ Nach 24 Stunden wird der Joghurt wie folgt aussehen: Hausgemachter Joghurt ist deutlich dünner als der aus einem Geschäft. Das ist eine normale Konsistenz. Wenn du den Joghurt dicker haben willst, kannst du den Joghurt stauchen, indem du ihn durch ein Mulltuch oder feines Netz drückst. Diese Flüssigkeit ist die Molke. Sie kann als saures Mittel genutzt werden, um Hafer oder Weizen einzulegen.

➤ Den Joghurt 2-3 Stunden vor dem Servieren kühlstellen und er wird sich weiter festigen.

- **Nährwertangaben:**

Kalorien: 169,4 Fett: 9,3g Kohlenhydrate: 12,6g Proteine: 10,2g (1 Tasse)

12. Gerüstete Bio-Kohlrabi & Süßkartoffel

- **Beschreibung:**

Süßkartoffeln, eine der ältesten Gemüse, die dem Menschen bekannt sind, sind eines der nährstoffreichsten Gemüse und enthalten viele Inhaltsstoffe mit krebsbekämpfenden Eigenschaften. Frische Kohlrabi sind reich an Vitamin C und liefern mit 62g pro 100g Gewicht 102% der empfohlenen Tagesdosis. Vitamin C ist ein wasserlösliches Vitamin und starkes Antioxidans. Es hilft dem menschlichen Körper ein gesundes Bindegewebe, Zähne und Zahnfleisch zu bewahren. Seine antioxidantischen Eigenschaften helfen dem menschlichen Körper, sich vor Krankheiten und Krebs zu schützen, indem es schädliche freie Radikale im Körper auffängt.

- **Zutaten:**
  - 1 Tasse gewürfelte Süßkartoffeln (geschält)
  - 1 Tasse gewürfelte Kohlrabi (geschält)
  - 1 EL Olivenöl
  - 5 Stängel frischer Thymian
  - Salz und Pfeffer zum Abschmecken

- **Zubereitung:**

Alle Zutaten vermischen und bei 180 Grad für 25 Minuten im Ofen backen – zur Hälfte der Zeit wenden.

- **Nährwertangaben:**

Eine Portion á 1 Tasse: Kalorien: 176,8 Fett: 11,5 g Kohlenhydrate: 17,0 g Proteine: 2,1 g

13. Frische Sommer Biosalsa

- **Beschreibung:**

Avocados stecken voller Nährstoffe, die das Risiko von Hautkrebs verringern können. Avocados führen die Liste der besten Quellen für Glutathion an, einem wichtigen Antioxidans.

- **Zutaten:**
  - 2 EL Bio-Olivenöl
  - 1 EL frischer Limettensaft
  - 1/4 Tasse gehackter Koriander
  - 1/4 TL Meersalz
  - 1/4 TL frisch gemahlener Pfeffer
  - 2 Tassen frischer Bio-Mais, vom Kolben getrennt
  - 2 Avocados, halbiert
  - 2 Tassen Cherrytomaten, geviertelt
  - 1/4-1/2 Tasse feingeschnittene rote Zwiebeln

- **Zubereitung:**
  - In einer großen Schale Olivenöl, Limettensaft, Koriander, Salz und Pfeffer vermischen.
  - Mais, Avocado, Cherrytomaten und rote Zwiebeln hinzugeben

➢ Zart verrühren und bei Zimmertemperatur servieren.

- **Nährwertangaben:**

Kalorien: 206,2kcal, Fett: 15,1g, Kohlenhydrate: 18,9g, Proteine: 3,6g

14. Bio-Guacamole

- **Beschreibung:**

Avocados sind die Hauptzutat von Guacamole, einem beliebten und gesunden Essen, das häufig als Sauce, Brotaufstrich oder Dip verwendet wird. Avocado enthalten die Vitamine D, A und E, die alle den Farbton der Haut und die Haut selbst weicher machen können. Die Öle in der Avocado können auch das Auftreten von Altersflecken verringern und sonnengeschädigte Haut stärken. Diese Vorteile treten auf, wenn Avocados gegessen oder direkt auf die Haut aufgetragen werden.

- **Zutaten:**
  - 2 Avocados halbiert, geschält und entkernt
  - ½ TL Salz
  - ¼ TL Pfeffer
  - ¼ Tasse frische Tomaten, gewürfelt
  - ½ Zitrone, Saft für 1 EL
  - 2 EL frischer Koriander, zerkleinert
  - 1 EL rote Zwiebel (optional)

- **Zubereitung:**

➢ Alle Zutaten vermengen und mit einer Gabel zerdrücken.

➢ Direkt servieren.

- **Nährwertangaben:**

Kalorien: 148,9kcal, Fett: 13,4g, Kohlenhydrate: 8,5g, Proteine: 1,8g (1/4 Tasse)

15. Bio-Fruchtspritzer

- **Beschreibung:**

Erdbeeren sind super Früchte, voller starker Antioxidantien und Vitamin C, das deine Haut mit nahrhaften Inhaltsstoffen für eine glückliche gesunde Haut versorgen kann. Avocados stecken voller Nährstoffe, die das Risiko von Hautkrebs verringern können. Mische sie unter deinen Salat und stärke deine Haut!

- **Zutaten:** (für 4 Portionen)
  - 2 Avocados geschält und klein geschnitten
  - 1 Tasse Erdbeeren fein zerkleinert
  - ½ Jalapeno, entkernt
  - 2 EL gehackter Koriander
  - ¼ TL gemahlener Zimt
  - 1 EL Bio-Olivenöl
  - Zitronensaft von ½ Zitrone
  - ¼ TL Meersalz

- **Zubereitung:**
  - Alle Zutaten zusammengeben und gut verrühren.

- **Nährwertangaben:**

Kalorien: 226,8 Fett: 18,8 Kohlenhydrate: 15,4 Proteine:

3,7 (1 Portion)

16. Veggie Nudeln

Beschreibung:

Lust auf Thaiessen, aber du brauchst eine vegane Alternative? Dieses Thairezept ist einfacher zuzubereiten als den Lieferservice zu rufen. Es ist schnell und köstlich. Dieses Gericht bieten eine exzellente Quelle an Vitaminen und Nährstoffen.

- **Zutaten:**
  - 2 Zucchini
  - 1 Karotte
  - 2 Frühlingszwiebeln
  - 1/2 Tasse Pilze
  - 1/2 Tasse Blumenkohl
  - 1/2 Tasse Sojasprossen
  - 2 EL Sesamöl
  - 1 EL Zitronensaft
  - 1 TL Knoblauch
  - 1 TL Ingwer

- **Zubereitung:**
  - Mit einem Gemüsehobel die Nudeln herstellen.

Gemüse deiner Wahl hinzugeben und die Sauce

darübergeben. Es schmeckt sogar noch besser, wenn der Geschmack der Sauce nach einem Tag in die Nudeln eingezogen ist.

- **Nährwertangaben:**

Portionsgröße: 369: Kalorien: 208, Fett: 14.4, Natrium 957mg, Proteine 7.1g

17. Popeyes' Geheimnis

- **Beschreibung:**

Wenn es um die besten Lebensmittel zur Vorbeugung von Hautkrebs geht, ist es schwer den Grünkohl zu schlagen. Er ist ein recht unbekanntes Mitglied der Kohl-Familie und ein Superhelden-Gemüse randvoll mit hautkrebsvorbeugenden Nährstoffen wie Vitamin C und Beta-Karotin (Grünkohl hat 10 Mal mehr Beta-Karotin als Broccoli). Als Ergebnis der des hohen Gehalts an Vitamin C und Beta-Karotin sowie der hohen Zahl an antioxidantischen Phytonährstoffen, ist Grünkohl an der Spitze der Liste der Gemüse mit den höchsten Werten an ORAC – einem Maß für die antioxidantische Kraft des Essens. Grünkohl kann auch roh verzehrt werden, z.B. im Salat. Die grünen Blätter des Grünkohls können auch in ein herzhaftes Gericht verwandelt werden, indem man sie sautiert und Zwiebeln, Knoblauch und Olivenöl darübergibt.

- **Zutaten:**
    - ¼ Tasse ungekochte Quinoa (abgespült)
    - 2 EL Olivenöl

- 1große Zehe Knoblauch (zerhackt)
- 1 Tasse frischer Spinat
- 1 Tasse frischer Grünkohl
- 2-3 TL Zitronensaft (zunächst 2 TL und bei Bedarf mehr TL)
- 2 EL Sonnenblumensamen oder Pekanüsse (fein zerkleinert)
- ⅓ Tasse gehobelter Parmesankäse

- **Zubereitung:**
  - Die getrockneten Quinoa mehrmals ausspülen (dadurch werden diese nicht so bitter).
  - Die Quinoa in Salzwasser erhitzen und für 20 Minuten kochen.
  - Abtrocknen und in kaltem Wasser ausspülen – zur Seite stellen.
  - Olivenöl und Knoblauch in eine große Pfanne geben.
  - Den Knoblauch für einige Minuten anbraten und dann Grünkohl und Spinat hinzugeben.
  - Einige Minuten kochen bis der Spinat und Grünkohl welken.

➢ Quinoa, Zitronensaft und Parmesankäse hinzugeben.

➢ Für 2 Minuten kochen.

➢ Die Sonnenblumensamen oder Pekanüsse darübergeben und eine weitere Minute kochen.

➢ Heiß oder kalt servieren.

- **Nährwertangaben:**

Kalorien: 206,6 Fett: 13,8 g Kohlenhydrate: 15,2 g Proteine: 7,1 g

18. Sonnenuntergangs-Chips

- **Beschreibung:**

Knoblauch bietet der Haut viele Vorteile. Knoblauch hat eine große Zahl an Allicin, welches antifungielle, anti-hautalterungs und Haut-glättende Eigenschaften hat. Er ist auch dafür bekannt das Level an Antioxidantien in Haut und Körper zu erhöhen.

- **Zutaten:**
  - 1-2 Süßkartoffeln
  - 1-2 EL Kokosnussöl oder Olivenöl
  - 3-4 Stängel frischer Rosmarin
  - 2 Zehen zerkleinerter Knoblauch
  - ½ TL Meersalz oder mehr zum Abschmecken

- **Zubereitung:**
  - Ofen auf 160 Grad vorheizen.
  - Kartoffeln so dünn wie möglich schneiden.
  - Die Kartoffelscheiben in eine Schüssel geben und mit Kokosnuss- oder Olivenöl (oder beidem) beträufeln und mit Knoblauch und Meersalz würzen.
  - Die Rosmarinstängel hinzugeben und gut verrühren, bis alles gut bedeckt ist.

➢ In eine Bratpfanne geben und für 25-30 Minuten goldbraun und knusprig anbraten.

➢ Anschließend komplett abkühlen lassen und servieren. In einer Papiertüte an einem kalten, trockenen Ort lagern.

- **Nährwertangaben:**

Kalorien: 150 Fett: 10 g Proteine: 3 g

19. Knusprige Kokosnuss-Chips

- **Beschreibung:**

Weil Kokosnussöl ein gesättigtes Fett ist, das größtenteils aus MCTs besteht, wird es nicht so leicht oxidieren wie mehrfach ungesättigte Fettsäuren anderer Gemüseöle. Die meisten Hautpflegeprodukte sind aus Gemüseölen gemacht, die oxidieren und ranzig werden und dadurch Schaden an der Haut verursachen. Oftmals werden sie aus giftigen, menschengemachten Chemikalien hergestellt.

- **Zutaten:**
  - ¼ Tasse Bio extra-trockenes Kokosnussöl
  - 3 Tassen Bio-Kokosflocken
  - ½ TL Meersalz (mehr falls du es extra salzig magst)

- **Zubereitung:**
  - Ofen auf 150 Grad vorheizen
  - Kokosnussöl in einem Topf schmelzen.
  - Kokosflocken, Meersalz und Kokosnussöl vermischen
  - 8-9 Minuten backen und alle 3 Minuten wenden, bis alles goldbraun ist. Gut beobachten, sie werden

schnell braun.

➢ Auf ein Stück Küchenrolle schütten und genießen!

- **Nährwertangaben:**

Kalorien: 200, Fett: 13, Natrium 3mg, Proteine 1g, Kohlenhydrate 1g

20. Bio-Kartoffelboote

- **Beschreibung:**

Neben ihrer Verwendung als Lebensmittel, spielen Kartoffeln auch in der Hautpflege eine wichtige Rolle. Wie zuvor bereits gezeigt, sind sie reich an Vitamin C, das essentiell ist, um die Haut gesund zu halten. Daher ist dieses stärkehaltige Gemüse von großem Vorteil für die Haut.

- **Zutaten:**
  - Die Schalen von 4 gekochten Bio-Kartoffeln, die in 8 Hälften geschnitten worden sind (Kartoffeln von der Haut entfernen)
  - 16 Stücke (etwa 1 Pfund) Kochschinken
  - Käse nach Wahl
  - Salz und Pfeffer zum Abschmecken
  - Schmand und Avocado für die Füllung

- **Zubereitung:**
  - Ofen auf 160 Grad vorheizen
  - Die Kartoffelboote in eine Auflaufform legen.
  - Nach Wunsch mit Salz und Pfeffer würzen.
  - 2 Stücke Schinken fein zerkleinert in jede

Kartoffelhälfte geben.

> Mit Käse der Wahl bedecken.

> Für 10-12 Minuten backen, bis der Käse anfängt braun zu werden.

> Aus dem Ofen nehmen und mit Schmand und Avocado servieren.

- **Nährwertangaben:**

Kalorien: 220, Fett: 8, Natrium 250mg, Proteine 6g, Kohlenhydrate 31g

21. Das Knoblauch-Abkommen

- **Beschreibung:**

Knoblauch hat viele medizinische Eigenschaften für die Haut. Seine heilenden Elemente helfen der Haut zu heilen und geschmeidig und jung zu bleiben. Knoblauch ist ein starkes Antioxidans, das hilft Haut und Bindegewebe zu regenerieren und jung zu bleiben.

- **Zutaten:**
  - 7 große in Würfel geschnittene Stücke 1 Tag altes Sauerteigbrot (ggf. glutenfreies Brot verwenden)
  - 3 EL Olivenöl
  - ½ TL Knoblauchsalz
  - ½ TL Italienisches Gewürz
  - 2 EL geriebener Parmesan

- **Zubereitung:**
  - Ofen auf 150 Grad vorheizen
  - Wenn du frisches Brot verwendest, schneide es in Würfel und lass es einen Tag auf der Anrichte liegen, damit es trocken und hart wird.
  - Die ein Tag alten Würfel in eine Schüssel geben.
  - Die Brotwürfel darübergeben und gut

vermischen, so dass das Brot gleichmäßig bedeckt ist.

➢ Mit Parmesan bestreuen und über die Brotwürfel geben, bis diese gleichmäßig bedeckt sind.

➢ Auf ein Backblech geben und 30 Minuten backen – nach 15 Minuten wenden.

➢ Abkühlen lassen und in einem luftdichten Behälter lagern.

- **Nährwertangaben:**

Kalorien: 35, Fett: 2g, Natrium 55mg, Proteine 1g, Kohlenhydrate 5g

22. Kürbis-Käsekuchen

- **Beschreibung:**

Beta-Karotin (besser bekannt als Vitamin A), das im Fruchtfleisch von Kürbissen gefunden werden kann, ist bekannt dafür die Hautzellen vor den giftigen Schadstoffen freier Radikale zu schützen. Es ist auch wegen seiner Anti-Krebs, Anti-Alterungs und Immunsystem-stärkenden Wirkung bekannt. Kürbis ist auch eine gute Quelle für Vitamin C, einem weiteren Antioxidans, das gegen die freien Radikalen ankämpft.

- **Zutaten:**

Boden:

> - 1 Tasse Nüsse nach Wahl (Ich selbst habe Walnüsse und Mandeln genutzt)
> - 4-5 Datteln (Abhängig von der Größe)
> - Prise Meersalz

Füllung:

> - 2 Packungen Frischkäse (bei Zimmertemperatur)
> - 1 Tasse Ricottakäse
> - ¼ Tasse Schmand

- 2 Tassen Kürbispürree (aus zwei Kürbissen)
- 3 Eier plus 1 Eigelb
- ¾ Tasse Honig
- ½ TL gemahlener Zimt
- ⅛ TL frisch-gemahlener Muskat
- ⅛ TL gemahlene Nelken
- 2 EL Weizenmehl
- 1 TL Vanilleextrakt
- Schlagsahne
- Honig zum Abschmecken

- **Zubereitung:**

Für den Boden:

- Alle Zutaten für den Boden in einer Küchenmaschine mahlen, bis das Gemenge zähflüssig ist.
- Um die Kürbisse zu rösten: Jeden Kürbis halbieren, die Samen entfernen, auf einem Backblech verteilen und bei 160 Grad 45 Minuten backen.
- Abkühlen lassen, die Kürbisse aushöhlen und in einem Küchengerät bis zu einer pürierten Konsistenz verarbeiten.

Für die Füllung: Sahne schlagen.

➢ Kürbisse, Ricotta, Eier, Eigelb, Schmand, Honig und Gewürze hinzugeben.

➢ Weizenmehl und Vanille hinzufügen.

➢ Gut vermengen.

➢ Auf den Kuchenboden in der Backform geben und gleichmäßig bestreichen.

➢ Bei 160 Grad für 1 bis 1 ¼ Stunde backen. Die Konsistenz mag immer noch leicht wacklig sein.

➢ Abkühlen lassen, mit Folie bedecken und für 4 Stunden ruhen lassen.

Für die Creme: Creme in einer Schüssel schlagen und mit Honig abschmecken (ca. 1 TL)

➢ Den Käsekuchen mit der Creme bestreichen. Mit frisch gemahlenem Muskat bestreuen.

➢ Das wichtigste bei der Nutzung einer Backform ist diese mit Butter gut am Boden und an den Ecken anzufetten, bevor man die Form zum Entnehmen des Kuchens stülpt.

- **Nährwertangaben:**

Kalorien: 261,7 Fett: 18,8g Kohlenhydrate: 19,0g Proteine: 6,8g

23. Lachs nach kanadischer Art

- **Beschreibung:**

Neueste Studien haben herausgefunden, dass der zweiwöchentliche Konsum von Lachs vor Hautkrebs schützen kann. Die hohen Anteile an Omega-3-Fettsäuren in diesem Fisch sind im Allgemeinen hervorragend für die Hautgesundheit. Lachs reduziert das Entzündungsrisiko im Gegensatz zu Fleisch, welches es erhöht.

- **Zutaten:**
  - 1/4 Tasse Ahornsirup
  - 1 EL Olivenöl
  - 1 Knoblauchzehe, zermahlen
  - 1/4 TL Knoblauchsalz
  - 1/8 TL gemahlener schwarzer Pfeffer
  - 1 Pfund Lachs

- **Zubereitung:**
  - In einer kleinen Schale Ahornsirup, Knoblauch, Knoblauchsalz, Salz und Pfeffer vermischen
  - Den Lachs in eine Auflaufform geben und mit der Ahornsirupmischung bedecken. Die Form abdecken und

im Kühlschrank 30 Minuten ziehen lassen – einmal wenden

> ➤ Den Ofen auf 200 Grad vorheizen.

> ➤ Die Auflaufform in den vorgeheizten Ofen stellen und unbedeckt 20 Minuten backen

- **Nährwertangaben:**

Kalorien 265 Kohlenhydrate 14 Fett 12 Proteine 23 Natrium 633 Zucker 12

24. Rote-Beete-Saft

- **Beschreibung:**

Rote Beete ist reich an Mineralien, Vitaminen und anderen wichtigen Nährstoffen, die deine Haut gesund und geschmeidig halten. Außerdem ist rote Beete auch sehr effektiv, um dein Blut zu entgiften und die Haut makellos und glänzend zu machen.

- **Zutaten:**
  - 1 kleine rohe Rote Beete
  - 2 Karotten
  - 10 Radieschen
  - ½ Zitrone
  - 2 Äpfel

- **Zubereitung:**
  - Die Schale der Zitrone von der Frucht trennen. Das Gemüse waschen und in kleine Stücke schneiden. Die Äpfel entkernen und zerkleinern.
  - Alles in einen Entsafter geben und den fertigen Saft vor dem Trinken ziehen lassen.

- **Nährwertangaben:**

Kalorien 19, Kohlenhydrate 5g, Proteine 1g, Natrium

45mg, Zucker 4g

25. Fruchtiger Lachs

- **Beschreibung:**

Schnelle, gesunde Möglichkeit zum Abendessen. Wenig Kalorien zum Gewichtsabbau. Wild-gefangener Rotlachs ist eine klasse Mahlzeit, da er reich an Omega-3-Fettsäuren ist. Einfaches Gericht, um mehr Omega-3-Fettsäuren in deine Ernährung einzubauen.

- **Zutaten:**

  - 1 Pfund Wildfang-Lachs, in 4 Filets geschnitten
  - 2 Orangen, in dünnen Scheiben
  - ¾ Tasse frisch gepresster Orangensaft
  - 2 EL frisch gepresster Zitronensaft
  - 2 EL trockenes, unbearbeitetes Kokosnussöl oder Olivenöl
  - 1 TL Zitronenfruchtfleisch – getrocknet oder frisch
  - 1 EL Kokosnuss- oder Palmzucker, alternativ Honig oder Ahornsirup
  - Grob gemahlenes Salz
  - ¼ Tasse Chipotlepfeffer, Cayennepfeffer oder Chilipulver
  - Optional—1 kleiner Bund frischer Thymian zum

Garnieren

> Optional—frische Zitronenscheiben zum Garnieren

- **Zubereitung:**

Ofen auf 230 Grad vorheizen. Zwei Orangen in sehr dünne Scheiben schneiden, die Enden entsorgen und beiseitestellen. Orangen und Zitronen mit einem Entsafter auspressen. ¼ Tasse frischen Orangensaft und 2 EL frischen Zitronensaft zusammen mit dem Fruchtfleisch in eine kleine Glasschüssel geben. Kokos- oder Olivenöl zusammen mit Süßungsmittel nach Wahl, sowie Salz und Pfeffer hinzugeben. Ein Backblech mit Backpapier auslegen. Mit einem Pinsel eine Seite der Lachsfilets mit der Zitrusmischung bestreichen. Anschließend wenden und die zweite Seite mit der Mischung bestreichen. Optional den frischen Thymian waschen. Von den Halmen einige Blätter abzupfen. Auf die Orangenscheiben streuen. Den Himalayapfeffer grob mahlen und über jedes Filet streuen. Für 10 bis 12 Minuten backen bis der Lachs durch ist. Optional mit frischen Thymianzweigen bedecken und mit Zitronenscheiben servieren.

- **Nährwertangaben:**

Kalorien 275 Kohlenhydrate 20 Fett 18 Proteine 23

Natrium 215 Zucker 8

26. Angemalter Babykohl-Salat

- **Beschreibung:**

Der vollmundige Geschmack der Blutorangen- und Grapefruitstücken in diesem Salat bereichert den erdigen Geschmack der Roten Beete und den des Gorgonzolakäses.

- **Zutaten:**

Für den Salat

> - 140g Babykohl, Spinat oder anderes grünes Gemüse
> - 200g Wacholderbeeren & Rote Beete
> - 1 reife Blutorange
> - 1 reife Grapefruit
> - 125g Gorgonzolakäse
> - 100g Walnuss

Für das Dressing

> - 3EL Olivenöl
> - 2 EL Rotweinessig
> - 1 EL Ahornsirup
> - 2 TL Dijon-Senf

- 6 Salbeiblätter, gehackt
- Prise Salz

- **Zubereitung:**

    - Wasche und tupfe den Babykohl trocken; leg ihn in eine große Salatschüssel.

    - Schäle und schneide die Blutorange und die Grapefruit in Stücke. Hacke die Walnüsse und die Rote Beete grob.

    - Vermenge alle Zutaten mit dem Kohl und streue etwas Gorgonzola darüber.

    - Vermenge die Zutaten für das Dressing und verteile es über den Salat. Mische alles, bis der Salat vollständig mit dem Dressing bedeckt ist.

- **Nährwertangaben:**

Kalorien 200, Kohlenhydrate 10g, Fett 14g, Proteine 8g, Natrium 452mg, Zucker 6g

27. Leckere Speisereste

- **Beschreibung:**

Wissenschaftler haben herausgefunden, dass D-Limonen (der Hauptbestandteil in Orangenschalen) das Auftreten von schuppenartigen Zellkarzinomen verringern kann, die eine gefährliche Form des Hautkrebses darstellen. Untersuchungsteilnehmer, die regelmäßig Grapefruitschale verzehrt haben, senkten dadurch das Risiko an Hautkrebs zu erkranken, als wenn sie nur das Fruchtfleisch zu sich genommen hätten.

- **Zutaten:**

  ➢ 6 Zitronenschale, in 0,5 cm dicke Stücke geschnitten

  ➢ 4 Orangenschale, in 0,5 cm dicke Stücke geschnitten

  ➢ 2 Tassen weißer Zucker

  ➢ 1 Tasse Wasser

- **Zubereitung:**

  ➢ Gib die Zitronen- und die Orangenschale in einen großen Kochtopf und bedecke sie mit Wasser. Bring es bei hoher Temperatur zum Kochen. Koche es 20 Minuten, trockne die Schalen ab und stelle sie zur Seite.

➢ Vermenge in einem mittleren Kochtopf 2 Tassen Zucker und 1 Tasse Wasser. Bringe sie zum Kochen und koche sie, bis die Flüssigkeit eine Temperatur von 110°C erreicht hat oder ein kleiner Tropfen kaltes Wassers einen dünnen Faden formt. Rühre die Schale unter, senke die Hitze und lass alles 5 Minuten köcheln. Rühre gelegentlich um. Schütte dann das Wasser ab.

➢ Wälze die Schalen einige Zeit im verbleibenden Zucker. Lass sie dann auf einem Drahtgitter einige Stunden trocknen. Bewahre sie in einem luftdichten Behälter auf.

➢ **Nährwertangaben:**

Kalorien 80, Kalium 69mg, Kohlenhydrate 16g, Zucker: 15g

28. Gesundes Geschenk des Rindes

- **Beschreibung:**

Mit Gras gefüttertes Rind verfügt nicht nur über ein besseres Verhältnis an Omega-3- zu Omega-6-Fettsäuren (verhindert Entzündungen), sondern enthält außerdem nahezu 30 Gramm Proteine pro 100g-Portion. Proteine sind die Grundlage zur Bildung von Kollagen und Elastin, welche die Haut straff und faltenfrei halten.

- **Zutaten:**
  - 3 Zweige Thymian
  - 3 Zweige Oregano
  - 3 Zweige glatte Petersilie
  - 2 Knoblauchzehen
  - 3 EL Olivenöl
  - 1 TL Salz
  - frisch gemahlener schwarzer Pfeffer
  - 1 Pfund Filet oder Filet Mignon
  - grobes Salz

- **Zubereitung:**
  - Vermenge alle Zutaten außer dem Rindfleisch und das grobe Salz in einer Küchenmaschine.

➢ Reibe das Fleisch mit der Mischung ein; mariniere es 2 Stunden bei Raumtemperatur oder über Nacht im Kühlschrank. Wende das Fleisch ein- oder zweimal.

➢ Heize den Backofen auf 200°C. Erhitze eine mittlere, gusseiserne Pfanne auf mittlere Stufe.

➢ Brate das Fleisch von allen Seiten an, bis es eine braune Kruste hat.

➢ Stelle die Pfanne in den Backofen; röste das Fleisch 15 bis 25 Minuten, bis es eine Temperatur von 50°C erreicht hat. Nimm die Pfanne aus dem Ofen; lass das Fleisch 20 Minuten ruhen (die Temperatur wird auf 55°C ansteigen).

➢ Schneide das Fleisch, streue grobes Salz darauf und serviere das Fleisch mit gelbem und grünem Salat.

➢ **Nährwertangaben:**

Pro Portion: 195 Kalorien (Kcal), 9 g Fett, 1,7 g gesättigte Fette, 0,7 g Kohlenhydrate, 0,1 g Ballaststoffe, 26,3 g Proteine

29. Veggie-Stars

- **Beschreibung:**

Rote Beete ist dein Superessen im Alltag. Sie stellen ein kleines, pinkes Ernährungs-Kraftwerk dar und sind das beste Beispiel dafür, wie Essen als Medizin wirken kann. Sie sind reich an Folsäuren, Eisen, Magnesium, Mangan und Phosphor. Die dunkelrote Farbe kommt von beta-Cyanin, der als wichtiges Mittel im Kampf gegen Krebs gehandelt wird.

- **Zutaten:**
  - 250g gekochte Rote Beete, in Essig getaucht (nicht eingelegt)
  - 1 Dose Butterbohnen (410g), abgetropft und getrocknet
  - 1-2 Knoblauchzehen, zermahlen
  - Kleiner Bund frischer Schnittlauch, fein gehackt (hebe etwas als Garnitur auf)
  - 3EL natives Olivenöl extra
  - Meersalz & frisch gemahlener schwarzer Pfeffer

- **Zubereitung:**
  - Schneide die Rote Beete in schmale Scheiben und

gib sie in eine mittlere Schüssel.

➢ Vermische in einer Küchenmaschine Butterbohnen mit Knoblauch, Schnittlauch und Olivenöl. Würze mit Meersalz & frisch gemahlenem schwarzem Pfeffer.

➢ Überführe alles in eine Schüssel und gib die Rote Beete dazu. Vermenge alles. Löffel die Mischung in eine Servierschüssel, träufle etwas natives Olivenöl darauf und garniere die Mischung mit etwas Schnittlauch. Serviere den Dip mit Pita, Tortillas oder als Brotaufstrich.

- **Nährwertangaben:**

Kalorien 180, Kohlenhydrate 6g, Fett 16g, Proteine 3g, Natrium 880mg, Zucker 5g

30. Gesunder Kohlsalat mit Tomaten

- **Beschreibung:**

Das ist das Grundlagenrezept für einen leckeren und schnell zubereiteten Kohlsalat mit Tomaten. Du kannst sehr gerne noch anderen Zucker hinzufügen. Grünkohl ist eine der besten Quellen für Lutein und Zeaxanthin. Beides sind Nährstoffe, die die durch UV-Licht entstehenden freie Radikale zu absorbieren und zu neutralisieren —inklusive der Wellenlängen, die nicht durch Sonnencreme aufgehalten werden und deine Haut erreichen.

- **Zutaten:**
  - 1 Bund Grünkohlblätter
  - 1 mittlere Avocado
  - Saft 1 mittleren Zitrone (etwa 2 Tassen)
  - Prise Cayenne-Pfeffer
  - 2 TL Meersalz
  - 2 Tomaten

- **Zubereitung:**
  - Zubereitung der Grünkohlblätter: lass deinen Daumen über den Stamm gleiten, trenne die Blätter vom Stamm. Reiße die Blätter in kleine Stücke.

➢ Halbiere die Avocado längs und entferne den Kern. Löffel den Inhalt der Avocado aus und gib ihn auf die Grünkohlblätter-

➢ Füge den Zitronensaft, Cayenne und Salz bei.

➢ Zerdrücke die Avocado, bis alle Kohlstücke mit dieser wunderbaren, cremigen Sauce bedeckt sind.

➢ Schneide die Tomaten in kleine Scheiben und gib sie in die Schüssel.

- **Nährwertangaben:**

400 Kalorien; Fette insgesamt: 30, Natrium: 45mg, Kohlenhydrate 41g

31. Französische Suppe mit Rüben

- **Beschreibung:**

Rote Beeten wurden lange für medizinische Zwecke verwendet, insbesondere für Fehlfunktionen der Leber, da sie den Entgiftungsprozess der Leber anregen. Der Pflanzenfarbstoff, der Rote Beete ihre tiefe dunkelrote Farbe verleiht, ist beta-Cyanin, ein mächtiger Wirkstoff, der im Verdacht steht die Entwicklung einer Krebsart zu unterdrücken.

- **Zutaten:**
  - 3 EL Olivenöl
  - 1 mittlere Zwiebel, gehackt
  - 3 Knoblauchzehen, gehackt
  - 6 mittlere Rüben, geschält und gehackt
  - 2 Tassen Rinderbrühe
  - Salz und frisch gemahlener Pfeffer
  - Creme fraiche

- **Zubereitung:**
  - Erhitze Olivenöl in einem großen Kochtopf bei mittlerer Hitze. Gib die Zwiebeln und den Knoblauch dazu; brate sie etwa 5 Minuten an, bis sie weich, aber nicht

braun sind. Rühre die Rüben unter und brate sie 1 Minute.

➢ Füge die Brühe hinzu und würze mit Salz und Pfeffer. Bring sie zum Kochen; Leg den Deckel auf den Topf und lass alles etwa 20 bis 30 Minuten köcheln, bis die Rüben zart sind. Nimm den Topf vom Herd und lass den Inhalt abkühlen.

➢ Gib die Suppe löffelweise in eine Küchenmaschine und püriere sie, bis sie flüssig ist. Gib die Suppe dann wieder in den Kochtopf und lass sie leicht köcheln. Schöpfe sie anschließend in Schüsseln und garniere sie mit etwas Creme fraiche.

- **Nährwertangaben:**

Kalorien 31, Kohlenhydrate 5g, Fett 1g, Proteine 1g, Natrium 22mg, Zucker 3g

32. Erstklassige Kürbisnudeln

- **Beschreibung:**

Kürbis ist ein ausgezeichneter Lieferant von Vitamin A. Die sogenannten « Nudeln » werden zusammen mit Fetakäse und Gemüse serviert. Dies ist eine der leichtesten Arten, Kürbis zuzubereiten.

- **Zutaten:**

  - 1 Spaghettikürbis, halbiert und entkernt
  - 2 EL Gemüseöl
  - 1 gehackte Zwiebel
  - ¾ Tasse gewürfelter Fetakäse
  - 1 gehackte Knoblauchzehe
  - 1 ½ Tassen gehackte Tomaten
  - 3 EL schwarze Oliven in Scheiben
  - 2 EL gehackter Basilikum

- **Zubereitung:**

  - Heize den Backofen auf 175°C vor. Fette ein Backblech leicht mit Öl ein.
  - Lege den Spaghettikürbis mit den angeschnittenen Enden auf das vorbereitete Backblech und backe ihn 30 Minuten im vorgeheizten Backofen, bis

du ihn mit einem scharfen Messer einschneiden kannst, ohne das Reste am Messer hängen bleiben. Nimm den Kürbis aus dem Ofen und stelle ihn zur Seite. Lass ihn abkühlen, damit du ihn weiterverarbeiten kannst.

➤ Erhitze in der Zwischenzeit Öl auf mittlerer Stufe in einer Bratpfanne. Brate die Zwiebel darin, bis sie zart sind. Gib Knoblauch dazu; brate ihn 2 bis 3 Minuten, bis er angenehm riecht. Rühre die Tomaten unter und koche sie, bis sie heiß sind.

➤ Verwende einen großen Löffel, um das Fruchtfleisch aus dem Kürbis zu löffeln und gib es in eine mittlere Schüssel. Vermenge den Kürbis mit dem Gemüse, Fetakäse, Oliven und Basilikum. Serviere die Nudeln warm.

- **Nährwertangaben:**

Kalorien: 147, Kohlenhydrate 12,8, Fett 9,8, Proteine 4,1, Natrium 269

33. Kurkuma-Tee gegen Entzündungen

- **Beschreibung:**

Kurkuma ist eine tief orange Wurzel aus Indien, die als in vielen asiatischen Gerichten als Gewürz verwendet wird.

Sie besitzt einen wundervoll erdigen und exotischen Geschmack und außerdem viele Vorteile:

Kurkuma hat stark antioxidantisch wirkende Eigenschaften, die Krebs verhindern. Kurkuma ist außerdem eine der mächtigsten natürlichen Mittel gegen Entzündungen. Sie hilft dir bei Verstauchungen, Zerrungen und anderen Entzündungen des Gewebes.

- **Zutaten:**
  - 100 ml kochendes Wasser
  - ½ EL Kurkumapulver
  - 1 EL frischer Ingwer, dünne Scheiben
  - 1 Hand voll Koriander, gehackt
  - 1 Knoblauchzehe, geschält und zermahlen
  - 1 EL Olivenöl
  - 2 Zitronen, Saft
  - 5 Pfefferkörner, ganz
  - 1 Orange, Saft (oder als Alternative 1½ EL Honig)

- **Zubereitung:**

    ➢ Stell das Wasser auf den Herd und bringe es zum Kochen. Vermenge alle Zutaten in einem Sieb oder in einer Teekanne.

    ➢ Gib kochendes Wasser in die Kanne und lass alles 10 Minuten ziehen. Nimm das Sieb heraus und genieße den Tee!

- **Nährwertangaben:**

Kalorien 96, Kohlenhydrate 16g, Fett 4g, Proteine 4g, Natrium 12mg

34. Erdnussbutter-Joghurt-Dip

- **Beschreibung:**

Ein wunderbarer Dip mit Bio-Joghurt, Zimt, Erdnussbutter und Honig als Süßungsmittel. Er eignet sich hervorragend für Äpfel, Bananen oder Knäckebrot

- **Zutaten:**
  - 1/2 Tasse Bio-Vollmilchjoghurt, Natur
  - 2-3 EL Bio-Erdnussbutter
  - 1 TL Vanilleextrakt
  - 2 TL Bio-Honig
  - 1 TL Zimt

- **Zubereitung:**
  - Vermenge alle Zutaten in einer kleinen Schüssel und mische sie gut durch.
  - Serviere mit Äpfel, Bananen, Knäckebrot, Sellerie oder Obst/Gemüse deiner Wahl.
  - Bewahre den verbleibenden Dip in einem kleinen Behälter im Kühlschrank auf.

- **Nährwertangaben:**

Pro Portion: 60,2 Kalorien, 3,1 g Fett, 36 mg Natrium, 5,9 g Kohlenhydrate, 0,6 g Ballaststoffe, 5,0 g Zucker, 2,0 g

Proteine

35. Avocados Wahnsinn

- **Beschreibung:**

Avocados sind reich an Krebs bekämpfenden Carotinoiden, die am häufigsten im dunkelgrünen Fleisch nahe der Schale zu finden sind.

- **Zutaten:**
  - 1 Avocado - geschält, entkernt und geschnitten
  - 1 Limette, Saft
  - 1 Mango - geschält, entkernt und geschnitten
  - 1 kleine rote Zwiebel, gehackt
  - 1 Habanero-Chili, entkernt und gehackt
  - 1 EL gehackter frischer Koriander

- **Zubereitung:**
  - Lege die Avocado in eine Schüssel und vermische sie mit dem Limettensaft.
  - Rühre die Mango, die Zwiebeln, den Habanero-Chili, den Koriander und Salz unter.
  - **Nährwertangaben:**

Kalorien: 252, Kohlenhydrate 33, Fett: 15, Proteine: 3, Natrium: 204, Zucker: 0

36. Frischer Morgensalat

- **Beschreibung:**

Ein einfacher Spinatsalat, der durch die Avocado, die Gewürze und den frischen Koriander zu etwas Besonderem wird. Bereite ihn im Vorfeld zu, stelle ihn in den Kühlschrank und vermische ihn noch einmal vor dem Servieren.

- **Zutaten:**
  - 3 EL frischer Limettensaft
  - 3 EL Olivenöl
  - 1 EL gehackter frischer Koriander
  - 1 TL Zucker
  - 1/4 TL gemahlener Kümmel
  - 1/4 TL Salz
  - 1/8 TL schwarzer Pfeffer
  - 1 Avocado, geschält, entkernt und dünn geschnitten
  - 1 kleine rote Zwiebel, dünn geschnitten
  - 310 g Babyspinat

- **Zubereitung:**
  - Vermenge den Limettensaft, Öl, Koriander,

Zucker, Kümmel, Salz und Pfeffer in einer großen Schüssel.

➢ Rühre die Avocado und die rote Zwiebel unter.

➢ Lege den Spinat darauf. (Salat kann im Vorfeld zubereitet und bis zu 2 Stunden im Kühlschrank aufbewahrt werden). Vermenge alles vor dem Servieren.

- **Nährwertangaben:**

Kalorien: 99, Fett: 9, Kohlenhydrate: 5, Natrium 93

37. Grüne Bohnenstange

- **Beschreibung:**

Reich an Antioxidantien und entgifteten Nährstoffen enthalten grüne Bohnen Ballaststoffe und Chlorophyll (beide reinigen den gesamten Körper und schützen ihn), Antioxidantien, Aminosäuren, Folsäure, Vitamin A und Vitamin C.

- **Zutaten:**
  - 2 Pfund grüne Bohnen, Enden entfernt
  - 3 EL natives Olivenöl extra
  - 2 große Knoblauchzehen, gehackt
  - 1 TL roter Pfeffer
  - 1 EL Zitronenschale
  - Salz und frisch gemahlener schwarzer Pfeffer

- **Zubereitung:**
  - Blanchiere die grünen Bohnen etwa 2 Minuten in einem großen Suppentopf, der gefüllt ist mit gesalzem, kochendem Wasser, bis sie eine leuchtend grüne Farbe annehmen und leicht knusprig sind. Gieße das Wasser ab und schrecke die Bohnen in einer Schüssel mit eiskaltem Wasser ab.

➢ Erhitze in einer großen Bratpfanne bei mittlerer Hitze Öl. Gib Knoblauch sowie roter Pfeffer dazu und sautiere beides etwa 30 Sekunden, bis sie aromatisch duften. Füge die Bohnen bei und sautiere alles weitere 5 Minuten. Gib die Zitronenschale dazu und würze mit Salz und Pfeffer.

- **Nährwertangaben:**

Kalorien: 366, Fett: 27, Proteine: 2

38. Moderne Blumenkohl-Steaks

- **Beschreibung:**

Verleih deinem Blumenkohl mit Kurkuma etwas Farbe. Diese Blumenkohl-Steaks sind leicht zuzubereiten und ergeben ein leckeres vegetarisches Hauptgericht oder eine Beilage. Kurkuma enthält als wichtigsten Bestandteil 2-5% Kurkumin. Kurkumin spielt eine wichtige Rolle darin, die Ausbreitung von Hautkrebs zu verlangsamen, der durch eine zu hohe Belastung mit ultravioletten Sonnenstrahlen entsteht.

- **Zutaten:**
  - 1 großer (etwa 1,2kg) Blumenkohl
  - 1/4 Tasse natives Olivenöl extra, zusätzlich zum Braten
  - 1 TL gemahlene Kurkuma
  - Dünne Scheiben gebratener roter Chili, zum Garnieren

- **Zubereitung:**
  - Heize den Backofen auf 180°C/160°C vor. Bedecke 2 Backbleche mit Backpapier.
  - Schneide den Blumenkohl in vier 1,5cm-dicke

Stücke, erhalte dabei den Stamm. Brate die Steaks 2-3 Minuten in nativem Olivenöl in einer antihaftbeschichteten Pfanne bei mittlerer Hitze an, bis sie golden sind. Wende sie dann. Lege sie anschließend auf das Backblech.

➢ Vermenge das Olivenöl in einer Schüssel mit Kurkuma, bis alles gut vermischt ist. Bestreiche die Steaks damit.

➢ Backe den Blumenkohl im Backofen 12-15 Minuten, bis er zart und knusprig ist.

➢ Verteile die dünnen Chili-Scheiben darauf und serviere die Steaks.

- **Nährwertangaben:**

Kalorien: 161, Kohlenhydrate 7, Fette: 15, Proteine: 2,4, Natrium: 30,8, Zucker: 0,1

39. Spargel rettet den Tag

- **Beschreibung:**

Spargel ist reich an Ballaststoffen, Folsäure, Vitamin A, C, E und K sowie Chrom, ein Spurenelement, das die Fähigkeit des Insulins verstärkt, Glukose aus dem Blut zu den Zellen zu transportieren.

- **Zutaten:**
  - 1 Bund Spargel (etwa 3/4 Pfund), Enden entfernt
  - 1 EL Olivenöl
  - ¼ Tasse gehackte Walnüsse
  - 1 Knoblauchzehe, gehackt
  - ½ TL gehackte frische Thymianblätter, vorzugsweise Zitronen-Thymian
  - 30g Parmesan, fein gerieben (1/4 Tasse)
  - Salz nach Belieben
  - ¼ TL schwarzer Pfeffer

- **Zubereitung:**
  - Dünste zunächst den Spargel.
  - Rühre die Nusse unter und koche sie etwa 2 Minuten, bis sie aromatisch riechen. Gib Knoblauch sowie Thymian dazu und koche alles etwa 30 Sekunden. Nimm

den Topf vom Herd und rühre den Käse unter. Würze mit Salz und Pfeffer. Löffle die Nuss-Mischung über den warmen Spargel und serviere im Anschluss.

- **Nährwertangaben:**

134 Kalorien; 11 g Fett; 4 Proteine, 100 mg Natrium, 4g Kohlenhydrate

40. Wild gewordenen Garnelen

- **Beschreibung:**

Garnelen stecken voller Vitamin B12 und Selen. Zusätzlich dazu beliefern sie dich mit Vitamin A, Vitamin E, Vitamin B6, Eisen, Magnesium, Natrium (Salz), Zink und Kupfer. Überraschenderweise enthalten sie außerdem etwa Vitamin C.

- **Zutaten:**
  - 1 Pfund wild gefangene, große Garnelen (geschält und entdarmt)
  - Saft ½ frischen Zitrone
  - 3 EL Olivenöl
  - ¼ TL schwarzer Pfeffer
  - ¼ TL unraffiniertes Meersalz

- **Zubereitung:**
  - Heize den Grill auf maximaler Stufe vor.
  - Spieße die Garnelen auf Spieße auf.
  - Gib etwas Olivenöl in eine Bratpfanne und presse etwas Zitronensaft darüber aus. Rühre gut um.
  - Leg die Garnelen auf den Grill und reibe sie großzügig mit der Zitronenmischung ein. Grille sie 4-5

Minuten und drehe sie dann um.

➢ Reibe auch die andere Seite der Garnelen mit der Mischung ein und grille sie weitere 4-5 Minuten, bis die Garnelen pink werden und gar sind

➢ Serviere die Garnelen in einem Bett aus roter Quinoa.

- **Nährwertangaben:**

Kalorien: 230, Fett: 12g, Kohlenhydrate: 0g, Proteine: 27g

41. Quinoa und ihre Freunde

- **Beschreibung:**

Die Protein bepackte Quinoa wird zunächst geröstet und dann gekocht, bis sie sich zusammen mit den süßen Paprika und dem Knoblauch in eine herzhafte Beilage verwandelt. Du kannst dieses Vollkorngericht heiß, bei Raumtemperatur oder auch kalt servieren. Es passt perfekt zu jeder Jahreszeit.

- **Zutaten:**
  - 1 EL Olivenöl
  - 1 Schalotte, gehackt
  - 2 Knoblauchzehen, gehackt
  - 1 mittlere rote Paprika, geschnitten
  - 1 mittlere gelbe Pfeffer, geschnitten
  - 1 Tasse ungekochte Quinoa, abgespült
  - 2 Tassen Brühe
  - 2 EL gehackte frische Petersilie

- **Zubereitung:**
  - Erhitze das Öl in einer Bratpfanne bei mittlerer Hitze. Gib die Schalotte und den Knoblauch hinein und brate sie 2 Minuten. Rühre gelegentlich um. Füge die

Paprika und die Quinoa bei und brate sie 2 Minuten. Rühre ebenfalls gelegentlich um.

➢ Gib die Brühe dazu und bringe sie zum Kochen. Senke die Hitze auf niedrigste Stufe. Leg den Deckel auf die Pfanne und lass sie 20 Minuten kochen, bis die Quinoa zart ist und die Flüssigkeit aufgenommen hat.

➢ Rühre Petersilie unter. Würze, wenn gewünscht.

- **Nährwertangaben:**

Kalorien: 223 kcal, Fett: 6,1 g, Kohlenhydrate: 35,2g, Proteine: 7,1 g, Natrium: 272 mg

42. Getreuer Wasserkresse-Salat

- **Beschreibung:**

Wasserkresse ist ein leckerer Zusatz zu Salaten oder Sandwichs. Es handelt sich dabei um ein Paradebeispiel eines Anti-Krebs Lebensmittels. Forscher raten dazu, täglich frische Wasserkresse zu essen, da durch die Zerstörung der Blutzellen DNA vermindert wird. Die Zerstörung von DNA in Blutzellen ist ein Indikator für das Risiko an jeglichem Krebs zu erkranken. Wasserkresse enthält spezielle Senföle, genannt Phenethyl-Isothiocyanat, das eine Krebs bekämpfende Wirkung besitzt.

- **Zutaten:**
  - EL frischer Zitronensaft
  - 1 TL weißer Zucker
  - 1 TL gehackter frischer Ingwer
  - 1/4 Tasse Gemüseöl
  - 2 Bund Wasserkresse, gehackt
  - 2 1/2 Tassen gewürfelte Wassermelone
  - 2 1/2 Tassen gewürfelte Cantaloupemelone
  - 1/3 Tasse geröstete Mandeln, in Scheiben

- **Zubereitung:**

   ➢ Vermenge in einer großen Schüssel den Limettensaft, Zucker und Ingwer. Füge nach und nach das Öl bei und würze mit Salz und Pfeffer.

   ➢ Gib Wasserkresse, Wassermelone und Cantaloupemelone zum Dressing und vermische alles. Verteile den Salat auf Teller, bestreue ihn mit Mandeln und serviere im Anschluss.

- **Nährwertangaben:**

Kalorien 274 Fett: 20 Kohlenhydrate: 21 Proteine 6,9 Natrium 69

43. Knusprige Kirschen

- **Beschreibung:**

Kirschen sind reich an Perillaalkohol (POH), ein Bestandteil, der sich als erfolgreich in der Zerstörung von Krebszellen in vitro und in vivo erwiesen hat. Die Kirschkuchenfüllung ist eingebettet in 2 Lagen knuspriger Haferflocken. Alternativ kannst du dich auch für eine Apfelkuchenfüllung entscheiden. Streue gerne auch etwas zusätzlichen Zimt darauf.

- **Zutaten:**
  - 1 Tasse Haferflocken
  - 1 Tasse Haushaltsmehl
  - 3/4 Tasse brauner Zucker
  - 1/2 TL gemahlener Zimt
  - 2 EL Olivenöl
  - 1 (590g) Dose Kirschkuchenfüllung

- **Zubereitung:**
  - Heize den Backofen auf 190°C vor.
  - Vermenge in einer mittleren Schüssel die Haferflocken, das Mehl, brauner Zucker und Zimt.
  - Verteile die Hälfte der Mischung auf den Boden

einer Kuchenform mit einem Durchmesser von 23 cm. Bedecke die Schicht mit Kirschkuchenfüllung. Verteile dann die verbleibende Hälfte Haferflocken-Mischung über die Kirschkuchenfüllung.

➢ Backe den Kuchen im vorgeheizten Backofen 40 Minuten, bis er goldbraun ist. Serviere ihn warm.

- **Nährwertangaben:**

Kalorien 321, Fett: 11, Kohlenhydrate: 53, Proteine: 3, Natrium: 91

WEITERE WERKE DES AUTORS

70 Effective Meal Recipes to Prevent and Solve Being Overweight: Burn Fett Fast by Using Proper Dieting and Smart Nutrition

By

Joe Correa CSN

48 Acne Solving Meal Recipes: The Fast und Natural Path to Fixing Your Acne Problems in Less Than 10 Days!

By

Joe Correa CSN

41 Alzheimer's PrevenDoseg Meal Recipes: Reduce or Eliminate Your Alzheimer's Condition in 30 Days oder Less!

By

Joe Correa CSN

70 Effective Breast Cancer Meal Recipes: Prevent and Fight Breast Cancer with Smart Nutrition and Powerful Foods

By

Joe Correa CSN